als ich hier ankam

Ute Rott

als ich hier ankam

Gedichte

Bibliografische Information der Deutschen Nationalbibliothek:
Die Deutsche Nationalbibliothek verzeichnet diese Publikation in der Deutschen Nationalbibliografie; detaillierte bibliografische Daten sind im Internet über http://dnb.dnb.de abrufbar.

Satz & Layout: Franz Sonnenstatter, Hausham

PhiloCanis Verlag
Metzelthin 22
17268 Templin
mail: ute.rott@philocanis.de
www.philocanis.de

Herstellung:
BoD – Books on Demand, Norderstedt

ISBN: 978-3-94854802-5

Inhalt

als ich hier ankam

2008 – 2010

als ich hier ankam

frühjahr
obstbaumblüte
unkenrufe

als ich wiederkam
sommer
staubige alleen
glühende wiesen

als ich zurückkam
herbst
nebel auf den wiesen
tropfende apfelbäume

als ich blieb
winter
lange dunkle nächte
feuchte wälder
und
stille
über dem land.

an manchen Tagen

betrinken wir uns
wir lassen uns fallen in
Düfte und Farben
Licht und Dunkelheit
wir treiben
in Luft
im Wind
betrinken uns
an allem
was
um uns ist.

Begegnungen

morgens mittags abends irgendwo im Haus im Garten
zwischen Bäumen oder Möbeln oder Türen kurze Blicke
Berührungen Lächeln zusammen sitzen stehen liegen in
Pausen beim Essen Schlafen gemeinsam laufen
schlendern nebeneinander zusammen gehören sich
begegnen irgendwo mehrfach täglich

Fingerübungen

Worte fließen aus der Feder
meine Hand
wirft Schatten
aufs Papier
Tinte auffüllen
Tinte ablöschen

wer wird's lesen?

Glücksvögel

nisten unter Blütenblättern
fliegen
durch die Wohnung
schwirren
am Abendhimmel

Metallglanz
auf schimmernden Flügeln
lauten Rufen
am Fenster

Glücksvögel
in meinem Haus.

Mein kaltes Haus

Mein kaltes Haus
ertrinkt
im Wald
an der Straße
am Fluss

Mein kaltes Haus
beherbergt
keine Möbel
keine Musik
keine Bilder

Mein kaltes Haus
ertrinkt
mit mir.

Schlangenbrut

Körperknäuel
unentwirrbar
verschlungen
die Mäuler
geschlossen
keine
gespaltene Zunge
kein
Gezischel
nur
schwarzes Geschlinge.

Schrittfolge

wenn ich bleibe
bleibe ich

Schritt für Schritt

wenn ich gehe
gehe ich

Schritt für Schritt für Schritt

wenn ich komme
komme ich

bleiben   Schritt
gehen   Schritt
kommen   Schritt

Schritt für Schritt für

Treibgut

Treiben lassen einfach treiben lassen alles fließt
vorüber am Ufer stehen auf einem Stein einem
umgestürzten Baum ins Wasser starren die Wirbel
die Flut Blätter Äste Abfall Fische sehen fallen
lassen einfach fallen lassen treiben fließen wirbeln
sinken auftauchen alles geschehen lassen mit
offenen Augen sinken fallen treiben fließen der
Stein der Baum bleiben am Ufer eins werden mit
Treibgut und Fischen Blick zurück ans Ufer zu
Baum und Stein alles geschehen lassen sinken
fließen treiben

Tür zu

Verschlossene Türen
Zu
Dicht
Versperrt

Weit geöffnete Fenster
mit gebauschten Vorhängen
Blumenfenster
Röschengardinen

Tür zu.

Überdruss

An diesen Tagen läuft meine Kaffeetasse über alles rinnt über den Tisch den Boden zum Zimmer hinaus über den Flur drückt die Haustür auf ergießt sich über den Vorplatz überschwemmt den Garten die Straße die Stadt reißt alles mit Papierkörbe Menschen Fahrräder Katzen Autos Gemüsestände überflutet das Rathaus und kommt erst zum Stillstand wenn alles voll ist und nur eine stille gleichmäßige glitzernde Wasserfläche stehen bleibt über der die Vögel kreisen.

Vergänglichkeit

Träumen wir in den Tag
während Äpfel von Bäumen tropfen
und Blütenblätter

Kraniche hören wir
kommen und gehen
und Wildgänse
die rufen in der Nacht
rufen uns
nur uns

aber wir
träumen
und bleiben verhaftet
der Stille.

Verunsicherung

Wenn du fortgehst
wer sagt mir
wann Schlafenszeit ist
was ich essen soll
wer dichtet
die Mauern ab
und
hält
die Welt draußen?

Wenn du fortgehst

was ich dir noch sagen wollte

jetzt erzähl ich dir vom Regen der durch meine Kleider
dringt meine Brille trübt meine Haut durchnässt mein
Herz kühlt meine Augen streichelt nichts weiß davon
wie ich mich nach ihm gesehnt habe zu Zeiten von
Wind und Trockenheit und jetzt da ist still und sanft
und mich tröstet mit kühler Weisheit Schmerzen lindert
und langsam den Schmutz wegschwemmt der sich in
Pfützen gesammelt hat und langsam davonfließt bis nur
noch Wasser übrigbleibt stilles reines Wasser und Regen
wirft Blasen durchnässt meine Kleider meine Haare trübt
meine Brille und berührt mein Herz.
Das wollte ich dir noch sagen.

von lauten und leisen tagen

2011 – 2021

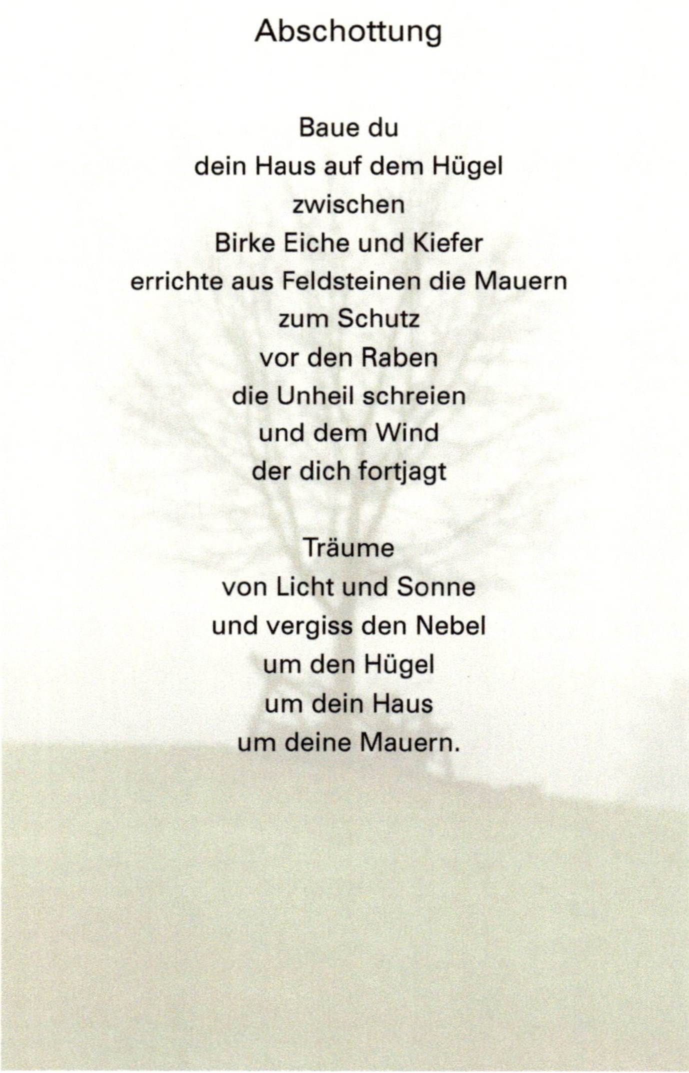

Abschottung

Baue du
dein Haus auf dem Hügel
zwischen
Birke Eiche und Kiefer
errichte aus Feldsteinen die Mauern
zum Schutz
vor den Raben
die Unheil schreien
und dem Wind
der dich fortjagt

Träume
von Licht und Sonne
und vergiss den Nebel
um den Hügel
um dein Haus
um deine Mauern.

An sonnigen Tagen

breite ich die Arme aus in jeder Hand eine Falte meines
weiten bunten Kleides und der Wind hebt mich hoch
beharrlich sanft und trägt mich fort über Wälder und
Seen Straßen und Häuser Dörfer und Städte fort über
Berge Ebenen Wüsten Ozeane
weit fort bis ich zuhause bin.

Der Andere

1
einer schläft
einer wacht
einer schaut zu
einer hört weg
einer liest
einer googelt
einer träumt
einer schuftet
einer heult
einer singt
einer malt

2
einer lässt sich treiben
einer nimmt die Spur auf
einer hält Abstand
einer rennt auf und davon
einer kommt zu Hilfe
einer leidet Not
einer schwimmt in Arbeit
einer läuft Amok
einer kauft ein
einer hält eine Rede

einer
oder
der andere

3

einer merkt sich alles was er hört sieht riecht fühlt und
fragt sich warum der andere nichts hört sieht riecht fühlt
– oder scheint ihm das nur so – jedenfalls merkt er sich
alles manchmal schreibt er es auch auf oder fotografiert
aber wenn er den anderen so ansieht fragt er sich
warum der sich nichts merken will – oder scheint ihm
das nur so – also schreibt er noch mehr auf und macht
noch mehr Fotos und hofft darauf dass auch der andere
irgendwann anfängt zu merken wie wichtig das ist sich
alles zu merken was man hört sieht riecht fühlt – aber
der interessiert sich nicht dafür

Dunkle Stunde

Vielleicht ist das diese dunkle Stunde von der alle reden
die dunkelste die einen zum Schweigen bringt aus der
man gerne erwachen möchte erwachen sollte erwachen
kann aber nicht muss was ist wenn man nicht erwacht in
die strahlende Helle des Morgens hinein in Tau auf den
Wiesen oder Reif und Vogelgesang oder Blütenduft?
In welche Schwärze erwacht man dann?

en passant

Noch ehe du in den Wald eintauchst fährst du an
meinem Haus vorbei dem letzten Haus am Weg
vielleicht brennt Licht und du siehst mich am Tisch
sitzen und lesen und du denkst wie schön es doch wäre
jetzt auszusteigen und anzuklopfen und zu sagen ich bin
da wenn die Tür aufgeht und ich dich hereinbitte denn
dann bist du angekommen aber du fährst weiter musst
weiterfahren in den Wald über die holprige Straße das
Licht an meinem Tisch in meinem Haus ist schon
verschwunden du erinnerst dich kaum noch an meine
Silhouette dann verschwindet die letzte Laterne im
Rückspiegel und du bist vorbei.

Regen im Wald

Dann zieh ich die Regenjacke an
und laufe durch die Wälder feuchte
dunkle Wälder deren Boden
bedeckt ist mit Laub und Nadeln
und Ästen und Pilzen die einsam
sind und hier stehen seit Jahren
Jahrzehnten Jahrhunderten die
sich erneuern aus fallenden Samen
und gestürzten Bäumen in denen
sich alles verstecken kann Tiere
Pflanzen Menschen in denen man
verschwinden kann manchmal für
immer oder wieder auftauchen wie
aus einen tiefen See.

Verluste

wen ich verloren habe
wer nicht wiederkehrt
unwiederbringlich gegangen ist
wer fort ist für immer
um wen ich weine
mit Sehnsucht im Herzen
und heißem Kopf
wer fort ist
für immer fort
unwiederbringlich gegangen
wer nicht wiederkehrt
wen ich verloren habe
für immer.

Wann beginnt die Reise?

Wenn du vom Ziel hörst
dich entscheidest
deine Zugverbindung im Internet suchst
dein Ticket bestellst
wenn du die Liste aller Dinge schreibst, die du brauchst
die Liste verwirfst
veränderst
ergänzt
wenn du Bekannten Bescheid gibst
Vorbereitungen triffst für die Zeit deiner Abwesenheit
den Koffer holst
nochmal Wäsche wäschst
trocknest
bügelst
verräumst
deinen Schreibtisch ordnest
alles herrichtest was du mitnimmst
mitnehmen möchtest
Sachen austauscht
Wetterbericht hörst
endgültig packst
noch den Rucksack dazunimmst
dein Geld zählst
nochmal Blumen gießt
Handy Ticket Fotoapparat Buch zurechtlegst
Thermoskanne Obst Süßigkeiten einpackst
noch einmal schläfst
frühstückst
und dabei immer auf die Uhr siehst

dich anziehst
ins Auto steigst mit Sack und Pack
dich zum Bahnhof fahren lässt
immer die Uhr im Auge
dich verabschiedest „pass gut auf euch auf"
letzte Instruktionen gibst die sicher überflüssig sind
im Zug sitzt
Regionalbahn
am Hauptbahnhof aussteigst
Zeitungen ein Buch noch ein Getränk kaufst
im Hauptbahnhof rumläufst
dich freust auf die Fahrt
Handy ein –, ausschaltest
kein Empfang – komisch
am Bahnsteig rumstehst
Menschen beobachtest
wer fährt wohl wohin
und wartest
voller Vorfreude
dem Zug beim Einfahren entgegen schaust
ganz ruhig einsteigst
deinen Platz suchst
alles zurechtlegst und dein Gepäck verwahrst
dich hinsetzt
wenn der Zug anfährt
Ansagen hörst
und zufrieden dasitzt
deinen Tee trinkst
ein Halsbonbon lutscht
und zum Fenster hinaussiehst.

Beginnt dann die Reise?

Versunken

Das ist der Moment in dem du vergisst wie du aussiehst deine Nase deine Ohren dein Mund deine Augen du vergisst die Form deiner Augenbrauen und den Bogen deiner Stirn deine Haarfarbe und deine Frisur in dem Moment wo du ihm gegenüberstehst ihn den du so liebst dass dein Herz klopft wie ein Dampfhammer wenn er zur Tür reinkommt die Hand in der Hosentasche die Schulter leicht hochgezogen die rechte der Hut schräg auf dem Kopf langsam kommt er herein auf dich zu und du hast alles vergessen um dich herum was du sagst und gesagt hast in dem Moment als die Tür aufging wohin du gesehen hast mit wem du gesprochen hast nur ihn siehst der endlich gekommen ist.

weglaufen

Einfach weglaufen vor der Dunkelheit immer der Straße entlang den Lichtkreisen der spärlichen Laternen nach die sich entfernen vom Wegrand weg in die Seitenstraßen und Toreinfahrten hinein so dass du nicht weißt welches die richtige Straße ist der du folgen kannst oder sogar folgen musst oder vielleicht folgen willst denn die Dunkelheit folgt dir überall hin es sei denn du findest die richtige Straße.

Wetterunbill

Von ungeheuren Wolken ist die Rede die sich über den Städten auftürmen und ihre Lasten auf sie werfen Schnee Regen Winde egal alles was sie enthalten stürmt herab und lädt sich ab auf Dächern Simsen Giebeln Treppen Geländern Bürgersteigen Straßen Wegen alle Kanten werden ausgeglichen kein Ruderboot kein Gleitschirm kein Hubschrauber dringt durch und langsam kehrt Ruhe ein Ruhe und Stille und der Wind pfeift und der Regen rauscht und Schnee rieselt still herab.

Deine Augen

In deinen Augen
liegt meine Welt
Hundegebell
und Schneegestöber
Autobahnstau
und Einkaufsbummel
Gartennachmittag
und Berge und Seen und Strandspaziergänge

Alles
finde ich
in deinen Augen.

Es wird Winter sein

wenn ich gehe morgens werde ich zum Fenster
hinausschauen und es wird nachts geschneit haben
dann weiß ich jetzt ist es Zeit zu gehen
meine Liebsten werden noch schlafen zum Abschied
werde ich sie küssen und gut zudecken.
Dann werde ich in den Wintermorgen gehen.

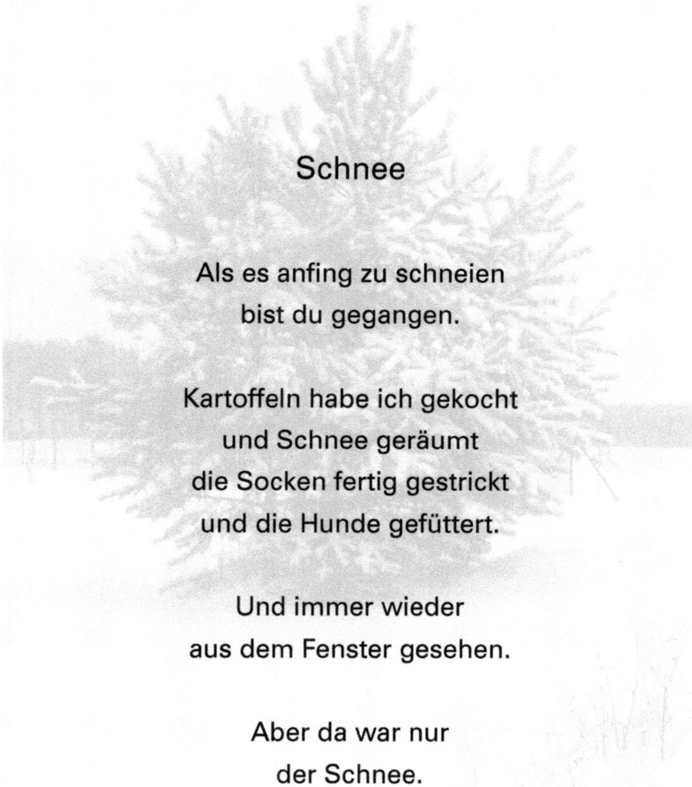

Schnee

Als es anfing zu schneien
bist du gegangen.

Kartoffeln habe ich gekocht
und Schnee geräumt
die Socken fertig gestrickt
und die Hunde gefüttert.

Und immer wieder
aus dem Fenster gesehen.

Aber da war nur
der Schnee.

Ute Rott lebt mit ihrem Mann und ihren Hunden in der Uckermark. Sie schreibt seit über 50 Jahren Gedichte. Der vorliegende Band ist ihre erste Veröffentlichung mit den wichtigsten Texten der letzten 15 Jahre.